EL MUNDO DE LAS FLORES

EL MUNDO DE LAS FLORES

JOAQUÍN BERMEJO ORTIZ

X PREMIO VALPARAÍSO DE POESÍA

Valparaíso
EDICIONES

Número 480 de la Colección VALPARAÍSO DE POESÍA
dirigida por FEDERICO DÍAZ-GRANADOS

Diseño de la colección y de la portada: Chari Nogales

Primera edición: abril de 2025

© De los poemas: Joaquín Bermejo Ortiz

© Imagen de portada: *Earth's Corner*. Laís P. Caminata, Caique
M. Messias, Vitor A. S. Mendes, Federal University of Sao Carlos,
Brazil/*NanoArtography Contest*

© Valparaíso Ediciones
C/ Fray Leopoldo, 7 bajo, 18014 Granada
www.valparaisoediciones.es

ISBN: 979-13-87538-38-5
Depósito Legal: GR 362-2025

Impreso en España - *Printed in Spain*
Gráficas Gami

*El papel utilizado para la impresión de este libro está calificado como papel ecológico
y procede de bosques gestionados de manera sostenible*

Un jurado compuesto por los poetas Lena Carrilero, Jota Santatecla, Fernando Valverde, Federico Díaz-Granados y la traductora Nieves García Prados, como secretaria, concedieron por unanimidad el X Premio Valparaíso de Poesía a *El mundo de las flores*, de Joaquín Bermejo Ortiz.

Bloch.

Un cristal es un estado de la materia que presenta una estructura espacial periódica, esto es, un patrón que se repite en el espacio.

Floquet.

Un cristal de tiempo es un estado de la materia que presenta una estructura temporal periódica, esto es, un patrón que se repite en el tiempo.

BREVE INTRODUCCIÓN

¿PODRÁ BROTAR ERGUIDA MI ALEGRÍA?

Todos admiran las flores de arriba,
las crecientes, las que llevan escrito
no la memoria, sino el ser presente,
alto y sonoro de la primavera.
Mientras tanto yo miro las de abajo,
las secas, reducidas por los pies
a la trágica dimensión del plano.
¡Pero conservan fresca su memoria
y el tacto colorido del pasado!
Yo quisiera mirar hacia las ramas
pero un dolor me agacha la cabeza.

PRIMERA DUALIDAD

A lo lejos la sombra del caballo
avanzando debajo de la mía.
Somos dobles, dolor con alegría,
el eco de su paso y lo que callo.

La misteriosa realidad del rayo
las ondas arrastrando su armonía,
los cuerpos como cuantos de energía.
Somos dobles, el tino con el fallo.

La dualidad que el mundo nos ofrece.
Somos dobles, el todo con la nada,
pero la sombra aún nos pertenece.

En la orilla, la luna reflejada
entrega al mar la luz ajena, crece
la luz de nuestra sombra proyectada.

CRISTAL

You saved me, you should remember me.
LOUISE GLÜCK

Decir adiós: volver la espalda; pero
¿quién sabe dónde está la espalda?
[...]
Es doloroso despertar un día
y contemplar el mar que nos abraza,
FRANCISCA AGUIRRE

El paisaje se extiende al otro lado
y es como un signo de interrogación.
CARMEN MARTÍN GAITE

EL ASCENSO DEL CAMPO DE ESPERANZA

He transitado un campo de esperanza
en el mar y en la nieve de Liguria.
He alcanzado una cima de alegría
estallando un cristal en las alturas.
Creo en tu *ritournelle*, creo en la vida.
He explotado un instante de esperanza
en picos sucesivos y periódicos.
Desde arriba se me ha parado todo
y todo lo he dejado por dos versos,
ya sé que lo que hoy guardo va a partirme,
pero quiero vivir este momento.

QUIRALIDAD

Si decimos adiós nos rota el cuerpo
rompiendo simetrías del espejo.
Un adiós nos refleja retorciéndonos
la espalda. Todo gira al despedirnos
y unas manos abiertas nos susurran
confidencias de la naturaleza.
Algunos cuerpos no se superponen
sobre su propia imagen reflejada.
Nos buscamos tras una despedida,
pero ¿quién sabe dónde está el espejo?
Volver, frustrada superposición.

PRIMER BIFRONTE —KŌWHAI—

A la mar rebosante del lenguaje
y al amor, me lancé con mis palabras,
porque amar es guardar palabras nuevas.
Agradecí al azar la simetría
del lenguaje y también de nuestro mundo,
los bifrontes posibles en mi idioma
y el punto al otro lado de la esfera.
Viajar por las palabras, ida y vuelta
recorrerlas, amar la rama entera.
Amar y ya, lo idéntico y la antípoda.
Fue amarilla la flor de mi alegría.

PREGUNTAS DE VUELTA

Hay preguntas que agitan el deseo,
pero hay también preguntas que lo calman.
Existimos en este mar de dudas
vibrando entre el temblor y la humedad.
Observamos el mar que nos abraza
expulsarnos con furia de repente.
Las preguntas nos llevan hasta el fondo
con húmedos corales de alegría,
pero nuevas preguntas nos devuelven
temblorosos al reino de la orilla.
En la orilla esperamos al deseo.

ÚLTIMO BIFRONTE
—TODO GIRA TAMBIÉN SIN TI—

La luz de la nostalgia de Chirico
girando en espiral sobre su torre.
Debajo, dos amantes crean sombra
y dos ensimismados gasterópodos
ondulan el paisaje con sus pies.
Y nosotros, dos hélices truncadas.
También sin ti al final de la escalera
vendrán de par en par los caracoles
ejecutando su noble tarea.
Romper la simetría con acentos
eres, seré el bifronte, no el espejo.

VARIABLES OCULTAS

De haber podido habría reposado
sobre tu pecho el peso de mi cuerpo.
Pero crecía el aire organizado
entre nosotros. Cristal mudo y sólido.
Dos cuerpos desprovistos de preguntas,
o quizá las preguntas eran otras.
Preguntas por la realidad del mundo,
acerca de sus leyes y engranajes.
Pero el mundo resulta inaccesible
el mundo guarda ocultos sus encantos
si el aire no es un medio para hablarnos.

EL DESCENSO DEL CAMPO
DE ESPERANZA

Seguí mi ley cayendo por el seno
hasta sus cuencas, simas de esperanza.
Abajo abrí un océano en los trenes
sin nadie que se pare ni lo achique.
Así estalla un cristal en las ciudades.
De la misma materia, dos estados
esperanza, quebranto, copos, olas.
Creo en mi *ritournelle*, creo en la vida
y espero la esperanza en lo que sigue.
Como un cristal de tiempo que se asoma
periódico es mi campo de esperanza.

PRIMERA TRANSICIÓN

Si tuviese un cristal entre las manos
para invertir el sentido del tiempo
ascendería el hilo reversible.
Buscaría a las madres de mi madre
la madre de la madre de mi madre
de forma sucesiva y femenina.
De mi madre conozco su adultez,
de todas desconozco su niñez.
Ascendería el hilo de mujeres
si subir por el hilo de la vida
fuese un proceso tan factible y vivo

como caer por él.

CRISTAL DE TIEMPO

— «¿Y quién te cuida, Luis?»—
LUIS ROSALES

Se fueron desgajando
del racimo del tiempo
unos granos azules y redondos.
CARMEN MARTÍN GAITE

unreadable, the winds shifting,
the great plates shifting and changing—
[...]
Under the glass, the future made
demure, inviting sounds:
LOUISE GLÜCK

LAS MANOS TIENEN CRISTALES
DE TIEMPO

Un hilo alimentó dos corazones
hace precisamente algunos años.
Años antes de hacerlo con las mías
las manos de mi madre y de mi abuela
ponderaron el peso de mi cuerpo.
De un cuerpo al otro van los granos vivos
dejándose caer como la arena
entre los hemisferios de un reloj.
Con sus manos ponderan en las fiestas
la ternura de los granos de arroz
precisa para hacer crecer a un bosque.

Tocad, mi corazón ha recibido
la herencia de la vida.

MOLINO DE COLLIOURE

Entre olivos, chumberas y cipreses
descansan restos de un molino viejo
con palabras recientes de un país.
En el puerto fondean dos veleros
con banderas de países distintos.
En la orilla se agitan banderines
de color amapola y girasol
evocando un idioma compartido.
Al fondo asoman tejados coral
donde al fin descansó la poesía
en brazos de su madre.
El viento de los barcos y banderas
transformó movimiento en alimento
y unos seiscientos dos años después
nos trajo azul y soles de la infancia.
Cortan el aire las aspas del tiempo
dejándonos atrás.
Pero brotan palabras en la tierra.

LAS CANCIONES ANTIGUAS

Cuando baila con júbilo la infancia
nosotros la observamos confidentes
guardando su secreto musical.
Si nos descubre observando su baile
cambia el despreocupado movimiento
por un primer y armónico rubor.
Se despliegan sus ecos sucesivos
llenándonos el cuerpo de vergüenzas
rígidas y obedientes al sistema.
A veces, el rubor adulto calla
descubriendo que laten en nosotros
las canciones antiguas,
y queremos bailar bajo la mesa.
Las canciones antiguas son extensas,
nuestro baile es efímero.

UN DOLOR GEOGRÁFICO

Vi crecer en mi pecho una montaña,
vi a la tierra empujando acelerada.
Empuje sin dolor, tan solo cambio
y cambio sin dolor, tan solo cambio.
Y ganas, muchas ganas.

Poco después, anticipé el dolor.
Anticipé el dolor, la reinversión
del tiempo geográfico
desinflando en mi pecho la montaña.
Anticipé el alud.

Después cayó en mi pecho la montaña.
La tierra desprendiéndose hacia el centro
colapsando la tierra con las ganas.
Lo íntimo y lo vasto.
Sentir el cambio, la contradicción.
Un dolor geográfico.

LOS CICLOS ACUÁTICOS

Aprendemos los ciclos en la infancia
y vuelven como abrazos tormentosos.
La vida envía vapores al cielo
con sus fuentes y sus llantos. A cambio
el cielo nos envía sus tormentas.
Queremos ser un viaje hacia el futuro,
pero unas gotas breves de pasado
nos bastan para abrir un aluvión
y arraigarnos al suelo del presente,
el sustento que existe y nos precede.
Lo vivido se escapa gaseoso,
pero vuelve en estado de cristal.
He llorado al pensar en mi familia
descubriendo el Jardín de Luxemburgo.
Los chorros rebosantes en la fuente
se funden con la lluvia de septiembre
en un gentil e ingrávido balance.
Nos movemos por los ciclos acuáticos
su equilibrio es extenso y caudaloso,
el nuestro es seco, breve.

IMPUREZA

La pureza contiene la impureza.
Un día los procesos del paisaje
nos parecen discontinuos y abruptos.
Al salir a la vida una mañana
observamos un cambio en su color.
Queremos ser la calma del otoño
esculpiendo con tiempo mineral.
El agua deposita el corindón.

Un día un pescador al sur de Islandia
encontró una fisura en su camino
emanando cenizas y calor.
Se adentró en la lectura de las placas
para desentrañar su movimiento.
No es fácil percibir la suavidad
de los procesos sutiles del mundo
cuando el dolor encharca el corazón.

A veces tuve calma
y avancé con la tierna graduación
de la escala creciente de las hojas.
A veces junto al cedro tuve calma.

El pescador sintió la dimensión
del tiempo del paisaje
y el extenso proceso de la grieta.
Nada es abrupto y nada es discontinuo
a escala suficiente.

Hay calma en los dolores encharcados,
hay pureza en la impureza.
El dolor y el color de los paisajes.
Rubíes con zafiros,
el fuego con la nieve en la fisura.
Me acerqué hasta el dolor como a una sombra.
Me acerqué hasta el dolor
y aparecí en la calma de los cedros.

CALLE LUCANO

Él miraba las garzas a lo lejos,
nosotros le mirábamos mirarlas.
Abrazo la excepción.

Hay dos generaciones
de bondad por encima de mi vida.
He entendido la excepción, y la abrazo.
Paños fríos cuidándome la frente,
paños fríos templándome la fiebre.

La excepción de la ternura durando.
Polvo, ceniza y nada.
El vuelo, la bondad, la vida larga.

Tocad, mi corazón ha recibido
la herencia del cuidado.

SUENAN CORAZONES

Cuando madrugas suenan corazones
y suenan tus cajones
y suenan tus cajones si madrugas
y suenan corazones
y suenan corazones si te vas
temprano a despedirte de tu madre.

Una madre descansa su dolor,
él dejó una palabra.

Van trompetas, tambores y vosotros
adentrando a una madre con su madre.
Un corazón tan lleno de campanas,
feliz por lo vivido.

Recuerdo entre las cosas que contaba
el día en que naciste tarde y seco.
Y después desbordado de alegría
crecido como el río.

Aún estamos vivos,
nosotros todavía estamos vivos
y suenan corazones.

Él dejó una palabra para ella,
una palabra, *madre*.
Nueve meses después, como una vida
se fue con sus palabras a buscarla.

LAS QUE CUIDAN

I. Buganvilias

Es su primera noche bajo el mármol.
Sobre el mármol, trompetas e imagino
la soledad tan fría.
Pero hay en sus bolsillos caramelos
y su pecho colmado de dulzura.
En nosotros la menta y sus palabras
crujiendo como azules caramelos.
En su última noche sobre el mármol
la noche le cuidó y le puso ropa
con su color de cielo.
Las que cuidan pusieron en su ropa
celestes caramelos
y en su féretro rojas buganvilias.

II. Claveles

No sé quién cuidará de las que cuidan,
de su desatendido sufrimiento.
El día en que se fue
se fueron los claveles de Caeiro.
Compartieron dictaduras, península
y número de décadas.
También el rojo intenso de las flores.
El mundo del color.
No sé quién cuidará de las Celestes.
La joven cuidadora de Marcel
encontrará en la noche una respuesta.

PRESA HOOVER

Del puente de la presa Hoover guardo
el viaje por sus dos husos horarios.
El reloj de Arizona,
el reloj de Nevada.
Es difícil moverse por la vida
pisando viejas horas.
Pero a veces ocurre, descubrimos
vestigios de ambición y de cemento
para volver atrás.
El celeste del río colorado
me dice que hace un año
de la imagen de los copos de sal
y te pienso con nieves contenidas.
Igual que las paredes del cañón
las paredes del cuerpo se desprenden
de toda roca floja y se protegen
del paso de los años
con horas de hormigón.

MI AMOR ES UN RELOJ

Igual que tantos hombres que aman hombres
para amar he dejado lo que fui.
He concentrado en meses, días, horas
amor en poco tiempo
por un amor extenso no vivido.

¿Y vosotros, el centro de mi vida?
Congelé sin saberlo nuestro tiempo.
El tiempo es lo que no,
el tiempo es lo que no he sabido daros
por un deseo frágil de querer
a un cuerpo masculino y semejante.

Pero quiero poder daros mi tiempo
decir, *tocad el centro de mi vida,*
tocad el centro de mi amor. Tomad,
mi tiempo es todo vuestro.

Tal vez llegó el momento de volver.
Quiero amaros a vosotros también

amaros con mi tiempo
mi amor es un reloj.

SEGUNDA TRANSICIÓN

Llegué por el dolor a la alegría.
JOSÉ HIERRO

No, nunca fue una fase la alegría.
Tampoco fue una fase la tristeza.
Lo físico y real es el cansancio,
ser adulto es estar siempre cansado.
Nos arrollan los acontecimientos,
crecen exponenciales las urgencias
y no podemos más y nos cansamos.
No, tampoco el dolor ni la esperanza
fueron fases. La fase es el cansancio.
A veces transitamos tras la fase
y la alegría es una transición
hacia nuevos estados de cansancio.
No, no nos advertisteis en la infancia
ni tampoco os hubiésemos creído.
A veces la alcanzamos
a veces la alegría
a veces la alcanzamos tras el fango
a veces alcanzamos la alegría.
Como un respiro a veces descansamos.
A veces lo alcanzamos
a veces un respiro
fugaz como la calma de un abrazo.
A veces lo alcanzamos bajo el cedro.
A veces un respiro, a veces la alegría
fugaz como la calma de un océano.
Atravesando el fango del cansancio
llegamos del dolor a la esperanza.

CRISTAL DE ESPERANZA

Supe que amaba cuando
me descubrí amando cuantiosamente al mundo
AURORA LUQUE

And yet, more often we were silent, preferring
the river over anything we would say—
LOUISE GLÜCK

Deseamos que el viaje durara para siempre.
ROSA BERBEL

LAS GRANDES MAREAS

Van ascendiendo las grandes mareas
a tiempo en una orilla del Atlántico.
Ninguna es más exacta que el mar de la esperanza.
Van subiendo cristales de alegría
como cimas de pieles que crecen excitadas
como cimas de sal sobre la arena.
En tiempos que deslizan a escalas tan distintas...
El tiempo de la carne y de la nieve
y el tiempo de la nieve y de las cumbres.
Medido en letras, bastan dos palabras,
medido en accidentes, basta un roce,
medido en tiempo mismo, es menos de una noche.
La exaltación de un cuerpo hablándose con otro
y en menos de una noche se puede abrir un cuerpo.
Abrirse a las palabras un tanto inesperadas
cayendo como lluvia de verano.
También a las palabras que se esperan.
Si menos de una noche es más que suficiente
para inundar de sal toda la arena
para inundar el cuerpo de sales de esperanza,
me recuesto en la orilla de mi cuerpo
y espero a que me alcancen las mareas.

Las grandes esperanzas, las grandes esperanzas.

ÉGLISE SAINT-AUBIN

Era domingo en la ciudad rosada
de ladrillos reposados al sol.
Saboreábamos nuestros orígenes
en unas habas secas del mercado
al lado de la iglesia Saint-Aubin.
Su cúpula, vacía de campanas.
Al borde de sus rosas escaleras
se apilaban las cajas de manzanas de amor
y nuestras retahílas de amistad.
El cielo presumía de azul y generoso
cuando llegaron las primeras gotas.
Todos corrimos buscando refugio
debajo de su copa sin campanas.
Pero había lugar para la música
y un hombre trajo a Armstrong con su armónica.
La luz quiso ser parte de la fiesta
y volvimos copiosos a la plaza.
Entre todos los hombres advertimos
un hombre sacudiendo su cuerpo en una esquina.
¿Era este el domingo prometido?
Cuando llueve buscamos a dioses en las plazas
con cuerpos empapados de canciones de fe.
Era este el domingo prometido.

UN AMOR GEOGRÁFICO

El relieve era solo un espejismo
y la vida se abría con lisura.
Sin altura, un tapiz que se despliega
uniforme en su par de dimensiones.

Escapé sin embargo de mi plano
subiendo por un pecho accidentado
y cayendo ligero por su espalda.

Ascendí y me elevé de dimensión
ondulando el relieve del tapiz.
Al igual que la hormiga equilibrista
lanzándose al vacío de un amor geográfico.

SONIDOS QUE SEREMOS
—CIMETIÈRE DU PÈRE-LACHAISE—

Suplican a este lado de la puerta
los vivos moradores del jardín.
La vida nos despliega sus colinas
y el orden natural de su equilibrio,
la corneja bailando con el zorro.
También nosotros sabemos bailar,
hemos enderezado un ramillete
de lirios acostados en la tierra
como un efecto de la gravedad.

El suelo hace sonar su música de órganos
y asciende hasta nosotros la métrica enterrada.

La música se mezcla con la tierra
y el baile de lo húmedo y lo seco
nos hace devolver nuestra atención
a la luz entornada del sepulcro.
Desconocemos las leyes que ordenan
la luz al otro lado de la puerta,
¡pero la ciencia vive con la fe!
Los rizos de la tierra hacen sonar
orgánicos sonidos que seremos.

Nuestros propios gemidos con gemidos antiguos.

Nuestros sonidos son sonidos que otros fueron.
En la infancia escuchamos los gemidos del mundo
después los repetimos, después los repetimos.
Llevamos en nosotros la herencia de la métrica.

GRANDE GALERIE DE L'ÉVOLUTION

En junio nos amamos viendo juntos
documentales de vidas lejanas
y longevas del Albatros de Laysan.
Y al querernos quisimos querer mejor al mundo.
Después huimos del fuego de canícula
en la Gran Galería del Jardín.
Encontramos vestigios de la infancia.
En la infancia aprendimos a nombrarlos
y a menudo pensábamos en ellos
elefantes y tortugas gigantes,
narvales con sus cuernos de misterio.
Después los olvidamos por un tiempo.
El miedo a las arenas movedizas
hibernó con el niño adolescente
y volvió con las grandes inquietudes.
En la infancia aprendemos tantas cosas
que olvidamos y regresan después

te acaricio y refresco caricias infantiles.

LAS MÁQUINAS DE NANTES

En la isla de hangares bananeros
al lado de los viejos astilleros
vimos al gran elefante africano
vivo como el acero y la madera.
Acariciamos sus ganas de echar
a correr hacia las garzas del Loira
con tuercas oxidadas por las flores.
Al otro lado del puente advertimos
casas construidas sobre arenas vivas
con cimientos torcidos como hombres.
Casas hundidas en su propia tierra
oblicuas con respecto a sus ventanas.
Torcimos al unísono los cuellos
para observar los estragos del tiempo.

De vuelta a casa construyo la vista
del salado elefante y de los hombres
observando a través de la ventana,
dos máquinas idénticas en amor y en figura
inclinando su vida hacia lo nuevo.

BUTTE-AUX-CAILLES

El aire perfumado, el aire susurrado.
Transitan en bandada la ciudad
dejando un halo de perfumes caros.
Como en un viejo anuncio de verano
se lanzan por la borda del mercado
con su grito de viaje organizado.
La masa hipnotizada de turistas
desconoce el sonido de las calles
e ignora los olores de la vida.
Los barcos de las moscas y a unos metros
conviven los olores de pescado
con el tórrido olor a pollo asado.
La mañana transpira de amistad
y un tendero sonríe en italiano.
Sobre charcos de hielo derretidos
mezclados con aceite a ras de suelo
un par de mariposas con lunares
manosean el aire como dos aeronaves.
¡Tantas cosas viajando por el aire!
Insectos y aeronaves con turistas
remolinos de aromas como pájaros.
El aire perfumando, el aire susurrando.

ÉGLISE DE SAINT-MÉDARD
—CAUSALIDAD—

Dos cuerpos que se tocan pueden marcar las horas.
La luz va de la plaza hasta mis dedos
y el Valle de la Gracia asciende con nosotros,
después va de mis dedos a tu espalda.
Te toco y en la plaza se doblan las campanas.

AMAR ES UN IDIOMA

Seria un error baixar del tren
perquè llavors la vinya desapareixeria.
JOAN MARGARIT

Quedan atrás atlánticas amigas.
Entramos en la niebla de A coruña
en búsqueda del tren de las palabras.
En silencio y temprano me acompañan
como siempre unos padres allá donde les pida.
Hay trenes conectando idiomas y países
¿recuerdas todavía el tren de las marismas?
El maquinista da los buenos días
a la vez en gallego y castellano.
Al cambiar de provincia nos frenamos,
las obras de mejora nos permiten
ver el mundo con más delicadeza.
La vida reflejándose en el Miño
las casas y las viñas conversan bocabajo.
El sonido del tren en los raíles
y sus franjas de silencio, alternando
el código como un patrón de luz.
También lo alterna un grupo de señoras
conversando en euskera y castellano.
Una rara excepción a nuestro tiempo
resuelve crucigramas en papel.
El final del trayecto es Barcelona
pero mi viaje acaba en Zaragoza.
En este mismo tren se escuchará
la lengua en la que canta Margarit.

En delicias me espera la amistad
políglota, como trenes, amándome
en todos los idiomas que conoce.

PERMEABILIDAD
—*GENUFLECTING GHOST*—

El dolor entumece lo sensible.
Queremos ser permeables de nuevo
al mundo, a sus canciones encriptadas
en las plazas, en las tardes de sábado.
Capturar la canción desconocida
ser esponja de coral, empapar
las canciones en hojas de memoria.
No sus voces, sino las impresiones
que nos ocurren al desentrañarlas.
¿De nuevo alguna vez? La fría luz de invierno
y un fantasma doblando las rodillas,
¿alguien nos amará de nuevo alguna vez?
Anotar en cuadernos las canciones
como las mediadoras del amor.

LA DESEMBOCADURA

Mais j'avoue souvent y penser
Chaque fois que j'entends qu'un arbre est tombé.
FRANCIS CABREL

Los he visto pasar bajo los puentes
los grandes barcos cargados de arena.
Pero nunca los pienso demasiado.
Son extensos, achatados, avanzan
sin prisa con sus montañas de costa
y todo lo que ahora sé de ellos
es que nunca los pienso demasiado.
Una sombra arenosa y pasajera.
Pero al besarte pienso un tiempo extenso en ellos
enciendes su existencia y me pregunto
por su viaje y deseo conocerlos,
a sus montes abruptos como pechos.
Tú das vida en mi cuerpo a las cosas fugaces.
Tu beso breve y tierno, los barcos con su arena
conocen el camino inevitable
rumbo al mar como todo lo que es bello.
Confieso que a menudo pienso en ellos.

Tantas cosas existen por otros en nosotros.

PARÍS

I. Palacio de Chaillot

Al llegar al palacio de la danza
en una tarde de exhausta humedad
nos alertó su metálica burla.
Nos llamaba, quería de nosotros
quería nuestro amor apresurado
de rubia infancia y de amistad. Nos dimos
en risa a las doradas escaleras
porque empezaba el baile sin nosotros.
Sobre todo, el amor que se desliza
de un hijo a sus alturas y a la inversa.
En los muros, hipócritas palabras
de las declaraciones de derechos.
Abril, mes de incipiente primavera
pero aún con dolor en las alturas.
Las nubes arrastrando su tristeza
y un metal amarillo en las ventanas.
Por ellas vimos hierros centenarios
brillando en su reflejo toda la luz del mundo
que estaría en nosotros para siempre.
En una imagen, solo en una imagen.
Al deslizarme por ella me llega
una felicidad desconocida
que suena diferente a aquel instante.
Sí, éramos felices sin saberlo
como repiten los viejos clichés.
Sin saberlo escuchábamos su música

entonces su sonido era tan solo
un ronquido de fondo entre los otros.
Hoy remuevo la luz hasta encontrarlo
y rompen las trompetas de Chaillot.

II. Puente de Alejandro III

Ellos también desearon que el viaje
durara para siempre y tomaron un tren.
Con ellos el amor y el peso de los años
en las manos y en la espalda. Regresan
reconociendo el tren de hace una década.
En medio del trayecto, la estación
de Francia de Joan y las marismas.
Hay dos generaciones de bondad
viajando hasta mi vida en ese tren.
Viajando hasta mi vida un puente hasta París.
Al final del trayecto, la amistad
les guía en confidencia hasta mi vida.

A veces sueño en bucle con un tren,
el viaje se hace extenso y dura para siempre.
De vosotros, tocad, la herencia de querer.

Fue París en mi vida por vosotros.

EL CÍRCULO

Fueron meses de estático silencio,
la tristeza asfixiaba las palabras.
Pero a veces se abría un círculo de calma
y dentro se enlazaba la vida con la voz.
No sé si vino antes el poema
o si fueron las ganas de vivir.

CAMPO PERIÓDICO FINAL

Sólo quiero deciros que estamos todos juntos.
JAIME GIL DE BIEDMA

Con un amor van siempre sus armónicos.
Compañero de viaje y de amistad
he sentido elongarse tu alegría
contrayendo a su paso tu tristeza.
Del eco de tu instante de esperanza
he recibido un beso en la cabeza.
Compañero de armónicas palabras
he sentido periódico tu campo
recorriendo paisajes ondulados
en fase o en desfase con los míos.
Pueden viajar gentiles los amores
porque con un amor van siempre sus armónicos.

Armónicas amigas, vosotras me salvasteis.

EL MUNDO DE LAS FLORES

SEGUNDA DUALIDAD

Le vent se lève… Il faut tenter de vivre!
PAUL VALERY

A veces vuela lejos la tristeza
y se posa en mi frente la alegría
como el dolor de una tierra baldía
encuentra en su color delicadeza.

Levanto al horizonte la cabeza
que tantas veces antes descendía
porque allí donde acaba la apatía
un deseo de imágenes empieza.

Se levantan las ganas de mirar
y el viento se levanta con colores.
Intentemos vivir, a veces mar

otras tantas, la frente en los dolores.
A veces tengo calma y un lugar
en el presente mundo de las flores.

ENCORE

I'm standing in the wind
But I never wave bye-bye
DAVID BOWIE

No quiero despedirme de las flores.
Como flores pudimos compartir
la vida por el aire, y las palabras,
las de abajo y las altas y sonoras.
Como flores esporas de alegría
entre vivas cabezas de colores.
Aunque duela no quiero despedirme
del mundo del dolor.
Como flores no quiero despedirme
pero adiós con la miel entre los labios.
No quiero despedirme del mundo de las flores.

ÍNDICE